Hermann Ilg

Strömende Stille

Hermann Ilg

Strömende Stille

BERGKRISTALL

Bergkristall Verlag GmbH, 32108 Bad Salzuflen
Schülerstraße 2 - 4
Tel.: 05222 – 923 451
Fax: 05222 – 923 452
info@bergkristall-verlag.de
www.bergkristall-verlag.de
2. Auflage 2004
Umschlag und Satz: Bergkristall Verlag GmbH
Druck und Bindung: Media Print GmbH, Paderborn
Printed in Germany

Alle Zeichnungen: Olga-Victoria Weiß

Umschlagfoto von "The Barred Spiral Galaxy NGC 613":
European Southern Observatory® (ESO)

ISBN 3-935422-55-5

Dem, der weiß,
dass alle Natur und das ganze Universum
die Verkörperung eines göttlichen Gedankens ist,
offenbart sich in allen Formen und Geschehnissen
die verborgene Weisheit und die Verwirklichungskraft
der Gedanken.

Ralph Waldo Emerson

Zum Geleit

Der chinesische Dichter Yen Yü schrieb mit Recht, dass „die Inspiration des Dichters nicht aus dem Verstand entspringt, sondern Ausdruck mystischer Erleuchtung ist. Dichtend erhebt man sich ins Spirituelle, und das ist, als das Innerste, das Äußerste, was man erreichen kann. Das wahre Gedicht ist von irisierender Transparenz. Die Worte haben ein Ende, aber die Gedanken schwingen weiter."

Von diesem Hauch des Geistes spürt man in den Gedichten vieler heutiger Poeten und Liedermacher wenig. Ihr Wortgeklingel entspringt dem Spieltrieb des Gehirns, nicht den Intuitionen des Gemüts. Es ist, weil ‚gemacht', leerer Wortschwall, bloße Konstruktion und, wie jedes hohle Machwerk, ohne den göttlichen Funken, der das Herz entflammt.

Anders die Inspirationen der wahren Dichter, deren Worte Ausdruck ihres Wesens sind und Geahntes zu Erkenntnis verdichten. Dabei strahlt die tiefste Wahrheit in den Gedichten auf, die einfach sind wie die Kinderworte.

Damit sind Sinn und Bedeutung der Gedichte von Hermann Ilg umrissen. Sie sind Meditationen in Versen, Lautwerdungen mystischen Natur-, Geist- und Gott-Erlebens. Sie enthüllen mit wenigen Worten verborgene Weisheit und Gewissheit.

Damit sind sie zugleich Hilfen zur Meditation: Lichtgedanken aus dem Reich der Stille, in denen sich die Weisheit des Selbst offenbart. In ihnen spürt man den Geist universaler Wirklichkeitsbewusstheit, die Gewissheit des Einsseins von Sein und Leben. Das ewige ICH BIN in uns, das göttliche Selbst, wird hier als das innere Licht sichtbar, als das innere Wort vernehmbar und als innere Führung erkennbar. Hier wird deutlich, dass unser ewiges

Sein durch das ‚Stirb und Werde' durch unsere Geburten und Tode weder begonnen noch beendet, sondern nur unterbrochen wird. Mögen diese Lichtgedanken eines Gottsuchers viele Menschenherzen zur Entflammung und zum Leuchten bringen und den Weg frei machen zu jenem neuen höheren Menschtum, das aus dem Geiste lebt und um die Unvergänglichkeit seines Allseins weiß.

K.O. Schmidt

Vorwort

Die vorliegenden esoterischen Gedichte sind ein Geschenk aus den Sphären des Lichts. Sie wurden über einen größeren Zeitraum inspirativ empfangen und sind als geistige Leuchtpunkte im gegenwärtigen Wandel der Zeiten gedacht. Ich danke meinem Bruder aus dem Lichte, dem ich Mittler sein durfte. So gebe ich weiter, was ich empfangen habe, in die Herzen der suchenden Menschen.

Hermann Ilg

Heiliges Schweigen

Gefühle und Worte, unnütz begegnend,
sind Kräfte, im Winde verloren.
Gedanken der Liebe, schicksalsbewegend,
im Schoße des Schweigens geboren,

sind wahre Erkenntnis, opferndes Streben,
knospende Tat der Unsterblichkeit.
Heilkraft des Schweigens, strömendes Leben,
lichtvoller Pfad der Seligkeit.

Die Schatten der Selbstsucht, täuschendes Nichts,
sind Wege des irrenden Leidens.
Bereich're dich mit den Perlen des Lichts
im göttlichen Tempel des Schweigens.

Strömende Stille

Strömende Stille –
Kraft des Unendlichen.
Göttliche Fülle –
Geist des Lebendigen.

Betende Tat –
Licht des Vollkommenen.
Wirkende Saat –
Würde des Kommenden.

Alpha und Omega

ICH BIN – Ursprung.
Unfassbare Allmacht,
stetig fließende Schöpferkraft.
In Weisheit entfacht,
in göttlicher Liebe erschafft
sie das immerwährende Alpha.

ICH BIN – Vollendung.
Unbegreifliche Fülle,
ewig strömende Schöpferfreude.
Im Geiste erfühle,
in dienendem Mute beschreite
den Weg zum göttlichen Omega.

ICH BIN – Ursprung und Vollendung.
Auf kosmischen Bahnen
grenzenlos schwingendes Sein.
Im schweigenden Ahnen
enthüllend der Welten Keim:
Eines in Allem – Alpha und Omega.

ΑΒΓΔΕΖΗΘΙΚΛΜΝΞΟΠΡΣΤΥΦΧΨΩ

Jeder Tag ist neue Gnade

Was sind alle Erdenjahre
vor der Unermesslichkeit.
Was ist Irrtum, was das Wahre
vor der Unergründlichkeit?

Ewig wirkt im Gnadenstrome
Liebe, Treue, Weisheit, Kraft.
Jeder Tag baut an dem Dome
gottgewollter Bruderschaft.

Jeder Tag ist neue Gnade
auf dem Weg zum wahren Sein.
Folge deinem inn’ren Rate,
heil’ge Pflicht wird Freude sein.

Eine einzige Kraft

Ein einziger Wille die Welt erhält,
das Dunkle ist verloren.
Eine einzige Kraft dich in Liebe hält,
weil du aus ihr geboren.

Sie trägt dich, wann immer dein Mut gebricht,
und alles Leid verwest.
Sie leitet dich aufwärts den Weg zum Licht,
wo alle Last sich löst.

Befreiung

Gierende Sinne,
Sklaven der Triebe.
Keiner entrinne aus Weh und Leid.

Segnende Sinne,
flammende Liebe.
Strebend gewinne Vollkommenheit.

Abend am See

Letzter Flügelschlag im See.
Wolkenspiel im Farbenstrauß.
Heimlich streut die Wasserfee
ihre gold'nen Perlen aus.

Blaue Fernen, zart pastell,
grüßen uns im Dämmerschein.
Still ergießt sich Gottes Quell
in das zeitenlose Sein.

Weg zum Gral

Wohl ist irdisches Leben Leiden,
Schmerzenspfad und Überwindung,
aber deines Lebens Seiten
zwingen nicht zu ew'ger Bindung.

Frei ist deines Geistes Flug,
aus dem Licht geboren,
widerstehend dunklem Trug,
einst zum Gral erkoren.

Weltraumwanderfahrt der Seele
Fühl' im Herzen deine Sendung.
Mit dem Höchsten dich vermähle,
aus Erlösung wird Vollendung.

Lichtgedanken

Wo immer deine Seele weilt,
sei dir des Lichts bewusst
Du webst am Saum der Göttlichkeit,
das Dienen sei dir Lust.

Der flücht'ge Augenblick enteilt,
ein Schattenstrich im All.
Die Kraft des Lichts sei dein Geleit
als Herzensfeuerball.

Wo immer deine Seele weilt,
bist du in Gottes Sein.
Präg' deinem Tun im Strom der Zeit
das Licht auf Erden ein.

Stern der Verheißung

Oh Erde schwing' dich auf
ins Licht der Lebenskünder.
Zieh' deinen Sonnenlauf
im Kreis der Schöpfungskinder.

Oh Mensch entsteig' dem Traume
der dich vom Bruder trennt.
Sieh' wie im Sternenraume
ein Herz in Liebe brennt.

All-Einheit

Im Strahlenkreis des Ewigen
schwingt grenzenloses Leben.
Im Großen wie im Wenigen
liegt immerwährend' Streben.

Welch freudige Gesetze gelten
in diesem Geiste des All-Ein.
Die Menschen ungezählter Welten
sind Brüder im bewussten Sein.

Getrenntes Sein ist dunkler Wahn,
an Illusion gebunden.
Erwachtes Selbst, der Freiheit Bahn,
hat Ketten überwunden.

Erkenntnis reift zur Menschlichkeit,
zu wahrer Bruderschaft.
Nur Liebe führt zur Wirklichkeit
in ew'ger Wandlungskraft.

Glaube

Es führt ein Weg zum Lebensglück,
der leicht zu gehen ist.
Vom Glauben weiche nie zurück,
dass Gottes Kind du bist.

Zwischen Nacht und Tag

Im Morgenkreis der Strahlenglut
zerreißt der Nebelschleier.
Und mächtig wirkt der Wahrheit Gut
im reinigenden Feuer.

Aus ew'gen Weiten bricht es auf,
besiegt die finstern Matten.
Das große Licht nimmt seinen Lauf,
zerstrahlt die flieh'nden Schatten.

Der Erde dunkle Nacht verweht,
der Menschen Leid zerrinnt.
Ersehnt im heil'gen Lichtgebet
ein neuer Tag beginnt!

Gewaltig wird das Wort ertönen
in jedes Menschen Sinn.
Das Edle wird die Seele krönen
im ewigen ICH BIN.

Tausend Jahre wie ein Tag

Fühl' im Pulsschlag der Natur
Zeit, Vergänglichkeit.
Sieh' im Leuchten des Azur
Gottes Ewigkeit.

Tausend Jahre wie ein Tag
vor dem Schöpferthron.
Breche auf den Sarkophag
deiner Lauheit Fron!

Tausend Welten wie ein Hauch
aus dem Schöpferwillen.
Geist ist Tat! So löse auch
deiner Torheit Hüllen.

Schicksal ist gewählte Bindung,
Weg durch Raum und Zeit.
Demut führt zur Überwindung,
Weisheit wächst aus Leid.

Gottes Geist ist ungeteilt,
Trennung ist Verblendung.
Selbstsucht tötet, Liebe heilt,
Schlüssel zur Vollendung.

Einst dem Erdenkreis entflieh'n,
Ziel und Stufe nur.
Freiheit ist dem Geist verlieh'n,
Weg zum heil'gen Ur.

Was ist Raum und was ist Zeit,
wenn du Liebe bist,
wenn mit edler Kraft dein Geist
Sphären kühn durchmisst?

Selbsterkenntnis – Frohe Wende!
Gnade aus dem Du.
Helfend leiten Bruderhände
dich dem Lichte zu.

Erkenntnis

Ein Jahr, wie flieht die Zeit dahin.
Was ist die Zeit? – Ewigkeit?
Sie ist ein Schemen,
sie kann dich lähmen,
wenn eng dein Tun und eng dein Sinn.

Mach' dich von allen Grenzen frei!
Erfüll' die Zeit mit Stetigkeit.
Sie ist Verbindung,
ist Überwindung.
Erkenn' den Weg – lieb' und verzeih'.

Wachsende Kraft

Stille –
Aller Erkenntnis und Weisheit Quelle.
Blicke nach innen und schweige, oh Seele.
Glätte Gemütes Wogen,
spanne im Schweigen den Bogen
vom Ich zum Reiche der Dauer.
Durchbrich die engende Mauer,
kehre zum göttlichen Frieden heim.
Stille ist kosmisches Sein.

Wille –
Aller Erfüllung und Freiheit Pfad.
Lenke dein Streben nach göttlichem Rat.
Scheide dich vom Vergänglichen,
finde zum Unzertrennlichen.
Liebe die Erdenpflicht,
suche in allem das Licht,
den Geistgrund der Schöpfersaat.
Wille ist keimende Tat.

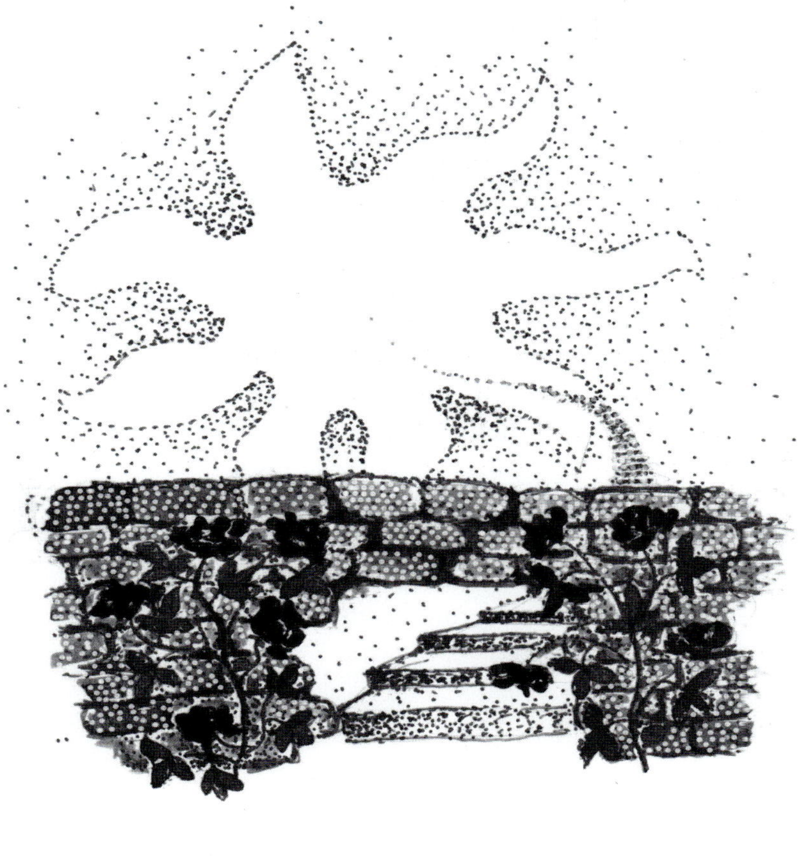

Glorie der Liebe

Heilige Liebe – Kosmische Macht.
Du weihest die Herzen – Sieg über Nacht.
Du kündest dein Kommen – Hülle der Erde.
In Gnade gebierst Du das neue „Es werde“.

Ewige Liebe – Strahlendes Licht.
Du bannest die Zweifel – Hochmut zerbricht.
Sichtbar erscheinst Du – Sehnsucht stillend,
in brennende Herzen Freude füllend.

Göttliche Liebe – Vater im Sohn.
Du weisest allen den Weg zum Thron.
Empfanget die Kraft – demutsbereit.
Das Große geschieht am Ende der Zeit.

Glorie der Liebe –schwinge im All.
Du wirkst Erlösung aus tiefem Fall.
Im Jubel der Sphären Friede kehrt ein.
Erhebet die Herzen zum kosmischen Sein.

In dir ist der Wahrheit Licht

Die Körperwelt ist Schatten nur
in zeit- und raumbegrenzter Sicht.
Im Innern leuchtet hell die Spur,
ein Funken ist ’s vom ew’gen Licht.

Du fragst nach dem Woher, Wohin
Die wahre Antwort bist du selbst.
In deiner Seele tiefstem Sinn
erschau’ den Weg, den du erwählst.

Er führt durch viele Körperhüllen,
durch manche Wandlung – zweifle nicht.
Gewissheit soll dein Herz erfüllen.
In dir find’st du das göttlich’ Licht.

Ursache und Wirkung

Wohin führt dein Weg?
Im Erkennen der Folge leg’
dir im Jetzt die Ursache
künftiger Wirkung. Entfache
die Kraft zu selbstloser Tat.
Gesetzlich erntest du reife Mahd:
Im Gotteswillen verborgenes Glück,
erhabene Freude – Ins Mosaik
der ew’gen Schicksalsbahnen fällt
die Reflexion der transzendenten Welt.

Zum Heimgang des Vaters

Nun ist der ird'sche Weg vollendet.
Die Fessel bricht – die Seele wendet
sich höh'rer Lebensstufe zu.

Was Tat einst war, ist Ernte jetzt.
Aus Läuterung Erkenntnis wächst
und Liebe führt zum heil'gen Du.

Zum Heimgang der Mutter

Der Sonne Abendrot verblasst.
Stumm falten sich die müden Hände,
befreit von aller Erdenlast
die Seele strebt zur heil'gen Wende.

Vom Traum erwacht – Vom Leben kündet
des ew'gen Geistes lichte Kraft,
wo alles Sein im Einen gründet
und sich entfaltend Neues schafft.

Frühling

Die Hoffnung hat sich neu erfüllt,
wenn sacht, ein Tasten der Natur,
aus dunkler Erde Leben quillt,
fast schlummernd noch und ahnend nur

der Sonne Licht, der Winde Flug,
der einst in früchtevoller Zeit
das Samenkörnlein mit sich trug
zu ewig neuer Fruchtbarkeit.

Des Lebens unbestimmtes Drängen,
das sich im Keim verborgen hält,
sucht sich aus Labyrinthes Gängen
den Weg zur österlichen Welt.

Schon strömen überall die Düfte
aus zartem, keuschem Blütenkleid,
vermischen sich in laue Lüfte
und schweben über Berg und Heid'.

durchwebt von farbigem Geglimmer,
berauscht vom Hauch atmender Wärme,
erfüllt von tausendfachem Flimmer
und vom Gekreisch der Vogelschwärme,

so zeigt sich uns die Atmosphäre,
Geschenk der wunderbaren Tat,
dass neu die Erdenwelt gebäre,
was Geist in sie gebettet hat.

Wenn alles Leben dieser Erde
frohlockend in die Höhe strebt,
wenn aus dem dunklen ‚Stirb' das ‚Werde'
im Kuss des Himmels sich erhebt,

dann ist dem Blühen der Gefilde
die Seele festlich aufgetan.
Der Frühling bricht durch Himmels Milde
in uns geheimnisvolle Bahn.

Im Aufstrom des Lebens

Dein Leben sei ein Dank, ein Ja,
unwürdig jedes Zweifels Last.
Denn Christus ist dir immer nah',
wenn du dein Herz geöffnet hast.

Kein Schwanken, das dein Denken lähmt,
kein Zufall lenket deinen Schritt,
hast du dein töricht' Ich bezähmt,
das manchen Schicksalsweg durchlitt.

Wohl denen, die der Mahnung folgen,
durch eig'nes Leid geoffenbart.
Setz' Christus über Not und Sorgen,
und Gottes Frieden deiner harrt.

Traum

Ein Traum einst zeigte mir die Waage,
auf deren Skala Schicksal stand.
Ich hörte stumm der Seele Klage,
die nur ans Irdische sich band.

Ich sah, wie sich der Zeiger neigte,
wie schmerzlich die Erkenntnis ward.
Doch auch wie Hoffnung neu sich zeigte,
im Gnadenlicht geoffenbart,

wie sich das Geist-Ich wissend senkte
in wesenhafte Seelenhüllen,
und wie die Sehnsucht sich vermengte
mit Gottes Liebe neu zu füllen

ein Schicksal, das zur Stufe wird
im Ausgleich zwischen Tat und Lohn,
und durch Erkenntnis höher führt
zum auferstandenen Menschensohn.

Lied der Rose

Ich verströme, was ich bin,
will nur selbst mich geben.
Freude – meines Schöpfers Sinn,
ist mein duftend' Leben.

Mit der Blüte fein' Geäder
Himmelsfiligran,
fang' ich ein den Sonnenäther
aus des Lichtes Bahn.

Was der flücht'gen Welt verschrieben
ist nicht mein Bestand.
In unendlichfachem Lieben
schwingt mein Wesensband.

Mein Empfinden, träumend Leben,
webt in Farbenreichen.
Dankend will ich Ausdruck geben
meinem göttlich' Zeichen.

Seht auch euch, ihr Gotteskinder
im erwachten Sein,
als bewusste Freudenkünder
und gedenket mein.

Erwachendes Licht

Die Nacht ist erstorben im rauschenden Regen,
der Morgen steht träge vor unserer Tür.
Das Wasser frisst Rinnen in Rainen und Wegen,
der Nebel quillt auf in phantastischer Kür,

sich wesenhaft zeigend in schwebender Wucht,
umhüllend, verschlingend – groteske Manier,
verzerrend sich wandelnd in ständiger Flucht,
in Formen sich ballend wie Urweltgetier.

Der Wind mischt sich ein in's bedrückende Spiel,
die massigen Wolkengebilde zerstieben.
Es dampfen die Tobel, es hängen im Bühl
verwehende Fetzen ... Die Lüfte gebieten

beharrlich dem wäss'rigen Urelemente.
Beim tanzenden Wiegen der Wipfel befrei'n
sich Fichten vom netzenden Schleier behände
Im Windgesang hörest du Panens Schalmei'n.

Verstummend entschwebet die treibende Kraft,
erwartend den Anbruch des siegenden Tages.
Aufstrahlende Röte! Ermächtigend rafft
sie flüchtende Schemen hinweg. Wer beklagt es?

Begreif' es! Dem strahlenden Lichte verwandt
ist Weisheit – In strebendem Suchen durchstößt
sie klarheitsvoll schreitend die neblige Wand.
Die darbende Seele, von Zweifeln erlöst,

erwachet zur Freude erregenden Stärke,
aufschwingend zum Lichte, zu höherem Sein,
erlanget sie Kräfte aus dienendem Werke,
sich prüfend vom nied'ren Gesetz zu befrei'n.

Und dankbar erkennt sie die helfende Hand,
die liebevoll segnend vom Bruder gereicht.
Im Strome der Liebe, dem leuchtenden Pfand,
hat brennende Sehnsucht Erfüllung erreicht.

Der Liebe Gebot

Das Licht gebiert die Wende,
vieltausend Bruderhände
erfüllen der Liebe Gebot.
Es siegt der Mut zum Dienen,
in Christus ist erschienen
der Helfer aus irdischer Not.

Die Erde hat vollendet
den Lauf, der sie geschändet
durch Frevel, Schein und Tod.
Jetzt wird sie neu erstehen,
und ewig bleibt bestehen
der Geist der Liebe in Gott.

Sommer

Hoher Mittag im Sonnenkreise
glutet schwer über reifender Frucht.
Kosend streicht des Wind's Gesäuse
durch die heiße, flirrende Luft,

schmeichelt den Ähren mit sanfter Geste,
neiget die Wipfel zu wiegendem Gruß.
Flügelklatschen im schatt'gen Geäste,
träge segelt die Weihe zum Fluss.

Höher nun, höher der Sonne entgegen
trägt sie der Aufwind am glühenden Fels.
Unten fliehet auf steinigen Wegen
lautlos ein Wiesel ins schützend' Gehölz.

Pralle Knospen, farbige Fülle,
selig gaukelnder Schmetterling.
Hastender Käfer, zirpende Grille,
alles entspringet freudigem Sinn.

Sonne ist Leben, göttliche Spende.
Gnade aus dem lichten Sein.
Liebe leitet dich am Ende
auf dem Sonnenwege heim.

Die große Gegenwart

Alles was auf Erden ist,
findet sich auch oben.
Was du denkst und was du bist,
muss sich hier erproben.

Lass die große Gegenwart
durch die Seele scheinen
Alles wird durch ihre Kraft
sich in Liebe einen.

Liebe ist der Geist der Welten

Bewusstsein der Untrennbarkeit.
Gottfunke unter Sternenzelten.
Dein Leben ist Geborgenheit,
denn Liebe ist der Geist der Welten.

Dein Handeln sei von Gott durchdrungen.
Edles Streben nach dem Licht.
Vergang'ne Last – sie ist bezwungen,
die Seele reift zu hoher Sicht.

Kind der Sonne

So wie der Nebel fliehet vor dem Sonnenstrahl
- den Morgentau schmückt er mit Farbenpracht -
so fliehet die Begierde dich, die Selbstesqual,
erlöst von der Gedanken lichte Kraft.

Erkenne dich als Kind der Sonne, lichtbegnadet,
dein Wesen schwingt im Sternenweltenkreis.
Durch Zeit und Raum reift deine Seele, unbeschadet
vom Schicksalsweg, den nur der Vater weiß.

Himmelssaat

Wenn die geistigen Früchte reifen,
die im Dienen einst gesät,
wird ein Sehnen dich ergreifen,
das zu Christus hin dich trägt.

Nur die Liebe kann erretten
aus dem Eigenwillenstraum,
ihre Kraft sprengt alle Ketten,
schenkt der Seele Freiheitsraum.

Darum lass' die Liebe walten
auf dem Erdenwanderpfad,
und du wirst in Händen halten
einen Schatz als Himmelssaat.

Der neue Mensch

Der neue Mensch wird nicht mehr fragen:
Wer soll mir meine Bürde tragen?

Der neue Mensch wird alles wandeln
und wird im Gotteslichte handeln.

Er wird den Trug kühn überwinden
und wird zum heil'gen Willen finden.

Er wird die Dunkelheit erhellen
und wird sich Gott nur unterstellen,

und mit des Lichtes klaren Waffen
den geist'gen Leib der Gottheit schaffen.

Das große Leid schreit nach Genesung
und alles harret der Erlösung!

Der neue Mensch wird Priester sein,
zum Bruder wird ihm jeder Stein.

Er wird aus seinen edlen Händen
der Erde Gottes Liebe spenden,

und über Leid und tausend Qualen
wird hell die geist'ge Sonne strahlen.

Der Edelstein

Kristalle sind mein einfach' Leben,
Widerschein aus edlem Stein.
Meine Sehnsucht und mein Streben
sind das Licht im göttlichen Sein.

So erkenne meine Lehre,
lass dich an den Gral erinnern.
Ringe, dass das Licht sich mehre,
strahlend aus der Kraft des Innern.

Allfreiheit des Geistes

Deine große Sternenreise,
frei vom lastenden Nichts,
trägt dich über Weltenkreise
in die Sphären des Lichts.

Bist im Innern du bereit,
führt dich Geist und Wille fort
über Tod und Raum und Zeit
hin zum heimatlichen Ort.

Überwesensreich des Seins,
schwingend über alle Schranken,
grenzenloses Jetzt im Eins,
Sonnenhafte All-Gedanken.

Das wahre Sein

Belebe nicht mehr, was vergangen.
Nimm dich als Schöpfungswesen wahr.
Sag' Dank für das, was du empfangen,
was Hilfe dir und Brücke war.

Dein Weg führt über tausend Welten.
Dein Sinn erwacht zum wahren Sein.
Wo nur der Liebe Werte gelten,
spricht Gott zu dir: Sieh', du bist mein.

Kraftquell der Seele

Die Harmonie mit dem Unendlichen
ist Kraftquell deiner Seele.
Du fühlst im Unvergänglichen
des ewigen Lebens Quelle.

Am Horizont, im Erdenbogen
steigt hoch der Sonnenball,
ein Meer des Lichts, der Liebe Wogen
erfüllt ein grenzenloses All.

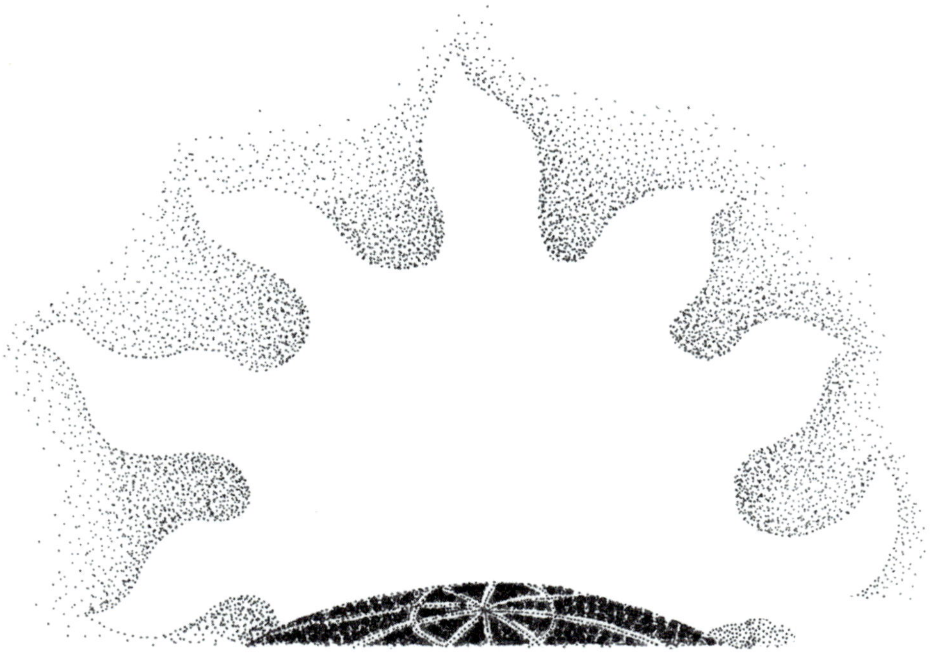

Innere Führung

Allbewusstsein – Frohes Denken.
Segen strahlt aus inn're Sicht.
Liebe will sich dir verschenken.
Und auch Leid führt dich ins Licht.

Löse dich vom Eigenwillen,
fühle wie dein Herz du quälst.
Um den Durst nach Glück zu stillen,
hilft dir nur dein göttlich' Selbst.

Welch' Verlangen schmückt die Seele,
wenn sie rein nach Christus strebt.
Deine Glaubenskraft vermähle
sich mit ihm, der in dir lebt.

Dass Vertrauen dich entbinde
von des Schicksals Müh' und Not.
Überbrücke, überwinde,
Öffne deine Seele Gott.

Lebendiges Wasser

Lebendiges Wasser
trage dein Boot.
Weht nicht der Geist,
ist alles tot.

Was immer die Wellen,
der Sturm auch sei,
Liebe und Wahrheit
machen dich frei.

Im tiefsten Grunde
ist alles still.
Erforsche die Tiefen
wie Gott es will.

Am seichten Ufer
verharre nicht.
Durch alle Begrenzung
strahle dein Licht.

Heiligtum der Seele

Alle Wahrheit offenbart
sich in dir, verborgen,
fühle Gottes Gegenwart
als des Lichtes Morgen.

Vollendung, Ziel des Schöpfers Plan,
unbegrenzte Fernen
künden Seines Geistes Bahn
über allen Sternen.

Christus, Kraft und Lebensquelle,
Weg und Ziel zugleich.
Liebe, Heiligtum der Seele,
Tür zu seinem Reich.

Im Schweigen und im Lieben

Es ruft des Horizontes lichte Sphäre,
verblassend sinkt des Lebens Müh' zurück.
Dass sich in dir des Lichtes Glut vermehre,
entbinde dich vom Schein im ird'schen Glück.

Es siegt, wer sich dem Dienen hat verschrieben,
den Himmeln nur ist alles offenbar.
Wer seine Kreise zieht im Schweigen und im Lieben,
dem ist Geschenk ein jedes Erdenjahr.

Deines Schicksals Morgen

Wer kann ermessen der Welten Kreise
im unbegrenzten Schöpfungsraum?
Selbst der Gedanken kühnste Reise
bleibt nur ein unerfüllter Traum.

Erst wenn das Ich ist überwunden,
das deinen Geist gefangen hält,
hast du die Kraft in dir gefunden,
die Brücken baut zur Sternenwelt.

Was sich im Innern hält verborgen,
wird dir im Äußer'n zum Geleit.
Erkenne in des Schicksals Morgen
den Weg in die Vollkommenheit.

Über aller Welten Sinn

Schöpferkraft im Morgenglanz
taucht den Horizont der Zeiten
in des Lichtes Siegeskranz,
strahlend über Sternenweiten.

Schweigende Unfassbarkeit
über aller Welten Sinn.
Grenzenlose Herrlichkeit
in den Tiefen des ICH BIN.

Der Ewigkeit Saum

Mögen Jahre auch entrinnen
in der Ewigkeit des Seins.
Sieh', was außen, das ist innen
in der Gegenwart des Eins.

Mögen Reifungskreise binden
auf der Weltenwanderschaft,
heimwärts wirst den Weg du finden
durch das Licht der Christuskraft.

Durch dein strebendes Bemühen
lichtet sich der Welten Raum.
Mögen Sonnen einst verglühen,
Wandlung ist 's, des Ewigen Saum.

Gesang der Welten

Sphärenklang der Unendlichkeit,
Schöpfungslied der Sterne.
Ewiges Schwingen durch Raum und Zeit,
Grüße aus kosmischer Ferne.

Oh schwing dich ein in die All-Harmonie,
in die Wogen des glückhaften Seins
Du bist ein Ton der All-Symphonie,
in Gott ist alles eins.

Schöpfungsfülle

Unermesslich ist die Fülle,
die uns Gottes Liebe schenkt.
Unergründlich ist Sein Wille,
der Natur und Leben lenkt.

Unfassbar ist Seine Güte,
die im kleinsten Wesen klingt.
Jeder Stein und jede Blüte
freudig Ihn zum Ausdruck bringt.

Drum begreif' auch dich als ewig,
göttlich' Wesen Widerhall,
dienend schwingst du, geisterselig,
unbegrenzt im Weltenall.

Im Christuslicht

Du bist geborgen in Seinem Lichte,
das dich als Mantel umgibt.
Gedanken der Furcht macht Er zunichte,
weil Er dich als Bruder liebt.

Du bist berufen aus seinem Geiste,
der dich als Kraft durchdringt.
Vertraue ihm und wirke, leiste
den Dienst, der den Sieg erringt.

Du wirst gerufen mit deinem Namen,
den nur die Liebe kennt.
Verbreite das Licht, der Zukunft Samen,
das ewig im Herzen brennt.

Erdenwandlung

Von des Irrtums Macht gepeinigt,
Menschenwerk aus sündiger Tat.
Der Erdenplan wird nun gereinigt,
neue Zeit wirkt neue Saat.

Frieden wird die Welt umfangen
aus der hohen Christuskraft.
Liebe werdet ihr empfangen
aus der Sternenbruderschaft.

Als Gast auf einer schönen Welt

Beklage nicht die Erdenjahre,
es zählt allein das Gute, Wahre.

Ist uns die Zukunft auch verborgen,
so leuchtet uns ein neuer Morgen,

wenn wir der eig'nen Kraft vertrauen
und auf die guten Mächte bauen,

die sich im Dienen offenbaren
und uns vor Schicksalsleid bewahren.

Wenn wir der inn'ren Stimme folgen,
dann fliehen alle dunklen Wolken.

Du fühlst, wie Liebe dich erhält,
als Gast auf einer schönen Welt.

Alles kehret wieder heim

Freude – unbegrenztes Wesen,
fließend aus des Schöpfers Hand.
Aller Irrtum ist vergessen,
der ans Irdische uns band.

Liebe – allverbindend Sein,
immer tätiger Lebenssinn.
Alles kehret wieder heim
in des ewige ICH BIN.

Erhebe deinen Blick

Warum wendest du dich nicht an Ihn
und schöpfest aus Seiner Vollkommenheit?
Warum leugnest du das ew'ge ICH BIN
und lernst nicht aus der Vergangenheit?

Warum trachtest du in erbärmlicher Sucht
nach vergänglichem Tand und Gewinn?
Warum steigst du in die Höllengruft
und opferst dein Erbteil dahin?

Oh Kinder der Erde – vorbei ist die Frist,
die euch zur Besinnung gegeben.
Befreiet euch aus satanischer List
und suchet das wahre Leben.

Erringet den Schlüssel zum wahren Glück,
der immer bereit für euch liegt.
Erhebet in Demut eueren Blick
zu Seiner Liebe, die alles besiegt.

Es wächst die Kraft

Es sehnet alles Leben sich
nach göttlichem Entfalten.
Gebunden an des Wunsches Ich
erstickt der Freiheit Walten.

Noch haften Schatten an dem Kleid,
das wir einst rein empfangen.
Noch tragen wir am Schicksalsleid,
noch hält es uns gefangen.

Doch wächst die Kraft mit jedem Tag,
wenn ich den Willen stärke,
wenn ich dem Erdenkreis entsag',
die edlen Früchte berge.

Von Stirb und Werde nun befreit,
erlöst vom Sog des Scheins.
Oh, welches Licht voll Seligkeit
erfüllt mein ewig' Eins.

Ziel und Quelle

Die Freude ist der Seele Kraft,
die dein Bewusstsein füllt.
Dein göttlich' Selbst in dir erschafft,
was dienend sich enthüllt.

Du selbst bist deines Schicksals Macht,
als deines Willens Bahn.
Ein einzig Licht erhellt die Nacht
und bricht den dunklen Wahn.

Sei Künder eines ew'gen Seins
und sieh' in dir das Licht.
Erkenne dich als All im Eins,
Das Ich hat kein Gewicht.

Vollende nun die Schicksalsreise,
Erfahrung deiner Seele,
durch Zeit und Raum im Weltenkreise.
In dir ist Ziel und Quelle ...

Göttlicher Lebensgrund

Aus der Saat der Weltenlehren
ernten wir die Schicksalslast.
Neue Schuld zeugt Neugebären
in das Kleid als Erdengast.

Löse deine Seelenkräfte
aus der Ich-Gebundenheit.
Liebend leiten gute Mächte
dich ins Reich der Wirklichkeit.

Breite aus die Engelsflügel
in den unbegrenzten Raum.
Unbeschwert von einstigem Übel,
wahr wird jetzt dein Himmelstraum.

Aus dem Licht bist du geboren,
göttlich ist dein Lebensgrund.
Zur Vollkommenheit erkoren -
Ewig wirkt der Liebe Bund ...

Erlösung

Liebe – ewige Saat des Lebens,
schwingend über Raum und Zeit,
nie versiegend, nie vergebens,
leuchtet sie durch alles Leid.

Immerwährend sich verschenkend,
Geist, dem Geiste zugewandt.
Höchsten Opfers nicht gedenkend,
das zum Erdenheil entsandt.

Aus des Vaterherzens Grunde,
strömend als der Welten Keim,
führt im göttlichen Verbunde
die Erlöserkraft uns heim.

Stein der Weisen

Wasser ist dem Geist verwandt.
Suche nicht mit dem Verstand
beider Quellen zu ergründen.
Um der Weisen Stein zu finden,
halte beide göttlich rein,
dann ist fremd dir Sorg' und Pein.

In Freundschaft

Aus dem hohen Sternenbunde,
dienend in der Helfer Schar,
lichterfüllt im Herzensgrunde
liebest du, was rein und wahr.

Schöpfend aus des Ewigen Quelle
kündest du des Lebens Sinn,
dass die Seele sich vermähle
mit dem Lichte des ICH BIN.

Neues Denken dich entbinde
von der Erdvergänglichkeit,
dass dein Geist erlösend finde
seines Wesens Göttlichkeit.

Flügelschlag der Seele

Aus lichten Weiten kommst du gereist.
Seit ewigen Zeiten als göttlicher Geist.

Aus urferner Welt vernimmst du den Gruß.
Die Liebe erhält den kosmischen Fluss.

Oh schwing dich empor aus lastendem Schein.
Durchschreite das Tor zum dienenden Sein.

Rast an einem stillen Bergsee

Wenn die Sylphe über dem Wasser schwebt
und im Morgenlicht den zarten Schleier webt.
Wenn der Wasserfloh das erste Ringlein zieht
und ein Flügelschlag aus dem Geäste flieht.

Wenn der hohe Fels sich klar im Wasser spiegelt
und der Bäume Laub den seichten Grund versiegelt.
Wenn die Sonne strahlend steigt in den Azur,
dann verzaubert dich ein Märchen der Natur.

Danke Gott für diesen Schmaus der Sinne,
dass die Seele neue Kraft gewinne.

Zur Meditation

Begreifet die Liebe, die euch umgibt –
Sie ist die Kraft, die Sterne bewegt,
sie ist das Licht, das das Dunkle besiegt,
den schützenden Mantel um euch legt.

Wenn euer Leben birgt Gefahr,
wenn Wehmut euch befallen will,
dann werdet euch ihrer Macht gewahr –
Und euer Seelenmeer wird still.

Der neue Weltentag

Ein Leuchten wird über die Erde gehen,
die Finsternis weichet dem Licht.
Vieltausend Gebete heiß erflehen
den Tag, der die Lüge zerbricht.

Das Wunder der Gnade wird geschehen
im Sturme des großen Gerichts.
Der Thron der Liebe wird neu erstehen,
zerstört wird das gleißende Nichts.

In Freude werden die Herzen sich finden
und Friede kehrt überall ein.
Die Welten werden sich verbinden
in Gott zum kosmischen Sein.

Das Große wird in den Sphären schwingen,
gesegnet von der Liebe des Herrn.
Und jubelnd wird 's aus dem All erklingen:
„Die Erde – ein strahlender Stern!"

Glaube

Es führt ein Weg zum Lebensglück,
der leicht zu gehen ist:
Vom Glauben weiche nie zurück,
dass Gottes Kind du bist.

Neue Sicht

Aus göttlichem Licht bist du geboren,
ins Reich des Lichts kehrst du zurück.
Du strebtest, an dein Ich verloren,
nach einem ird'schen Sinnenglück.

Erhebe dich auf neuen Schwingen
aus eigener Gedanken Enge.
Erlöse dich aus dunklen Schlingen,
dass keine Macht dich mehr bedränge.

Schon weiten sich der Sinne Kreise,
das All erscheint in neuer Sicht.
Auf deiner großen Sternenreise
erkennst du dich als Licht im Licht.

Ewige Wandlung

Ewige Wandlung.
Alles fließt
ohne Begrenzung ...

Göttliche Handlung.
Wer ermisst
Weg und Vollendung?

Inneres Licht

Erwache zum inneren Lichte,
der Weg führt zum höheren Sein.
Das Finst're mache zunichte,
der strahlende Sieg ist dein.

Erleuchtung ist inneres Schauen,
Verbindung zum kosmischen All.
Du schreitest auf lichten Auen
den Weg zum heiligen Gral.

Sei Künder der lichtvollen Tat,
erfüllt vom göttlichen Strom.
Erkenne dich selbst als Saat
im ewigen Menschheitsdom.

Wo alles Wünschen schweigt,
ist tiefster Gottesgrund.
Erhab'ne Größe weiht
den edlen Seelenbund.

Himmelsgedanken

Ihr Berge, ihr weißen Höhen des Lichts.
Ihr Seen, ihr Wälder, ihr bunten Ranken.
Es fliehen die lärmenden Schatten des Nichts
vor euch, ihr Himmelsgedanken.

Ich bin du

Jenseits von Gestalt und Bildnis,
unbegrenzt, den Sinnen fremd,
steigt die Sonne der Erkenntnis
hoch am geist'gen Firmament,

dir verkündend, Kraft der Stille,
höchsten Wesens Alleinheit.
Und der Liebe heil'ger Wille
wächst in dir zur Göttlichkeit.

Wisse, dass du geistgeboren
aus der Ewigkeit des Seins.
Kein Gedanke geht verloren,
ich bin du im großen Eins.

In deinem künft'gen Leben

Was du in deinem ird'schen Sein
an Liebe hast gegeben,
das schmücket deiner Seele Heim
in deinem künft'gen Leben.

Die Zeit ist nahe

Ein neuer Weltentag bricht an,
der Nichterkenntnis Schleier fallen.
Es grüßen dich der Sterne Bahn,
der hohen Liebe gold'ne Strahlen.

Lass dich vom Erdentraum erwecken,
dass sich des Geistes Kraft enthülle.
Neu wirst das Leben du entdecken
in seiner unbegrenzten Fülle.

Hab' Mut, entfalte deine Schwingen,
die Seele kennt nicht Raum und Zeit.
Du wirst mit Freude nun vollbringen,
was in dir ruht seit Ewigkeit.

Eins mit dem ewigen Sein

Das Leben fließt in ewig jungen Bahnen,
die Erdenzeit grenzt es nicht ein.
Im Wechsel von Gestalt und Namen
sind eins wir mit dem ew'gen Sein

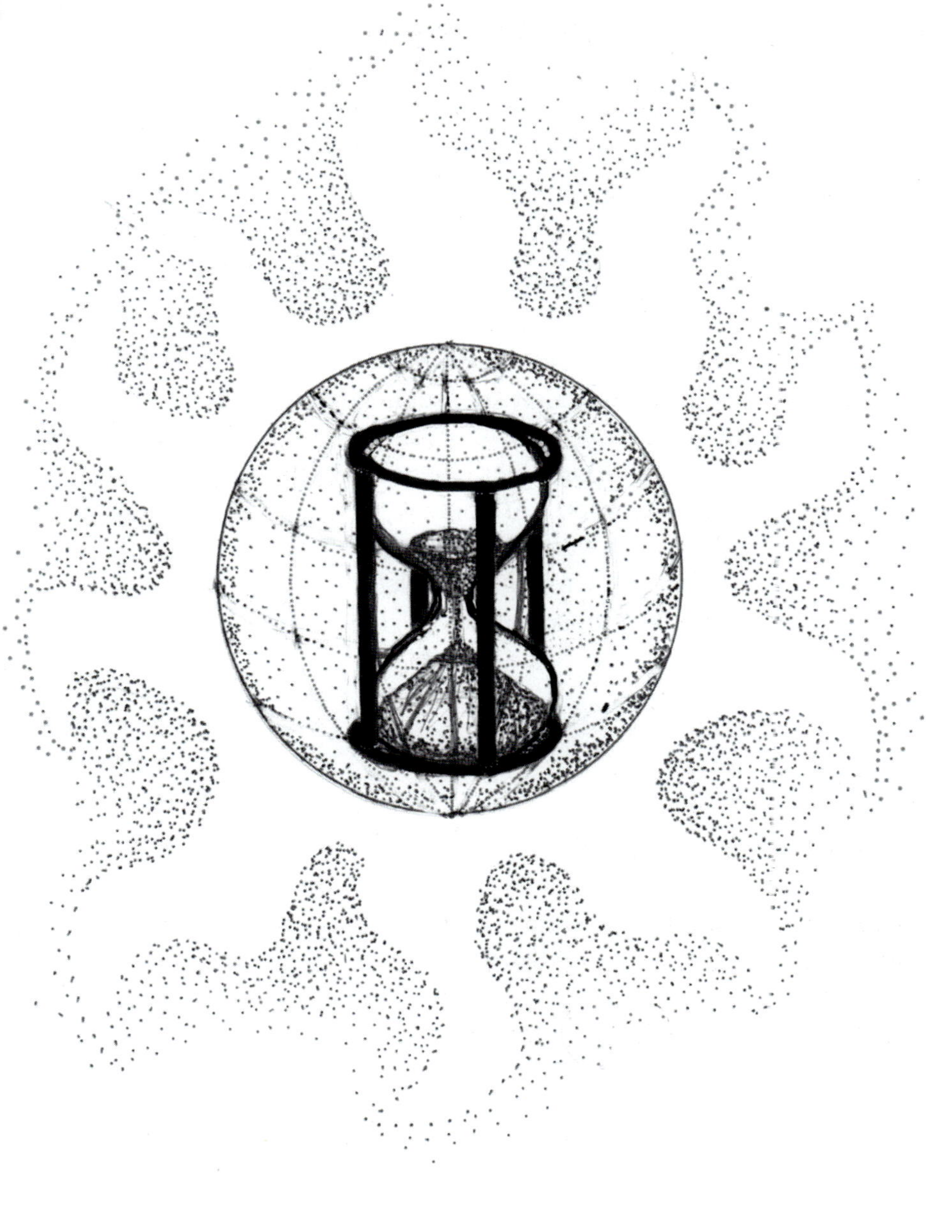

Ewiges Jetzt

Im Schnittpunkt der Unendlichkeit
stehst du, der Gnade dankend.
Die Spur aus der Gebundenheit
verweht im Strom der Wirklichkeit.
Dein Herz war lange schwankend.

Im Schnittpunkt der Unendlichkeit
gehst du, dem Licht dich schenkend,
in eine neue Wesenheit.
Die Zukunft ist Vergangenheit,
in Raum und Zeit sich senkend.

Im Schnittpunkt der Unendlichkeit
ist ew'ges Jetzt All-Ein.
Die Gegenwart ist Ewigkeit,
du bist die Unvergänglichkeit
im grenzenlosen Sein.

All-Eins

Wesen aller Welten weben
am Geschick des großen Seins.
Überall ist dienend' Leben,
Eins im All und All im Eins.

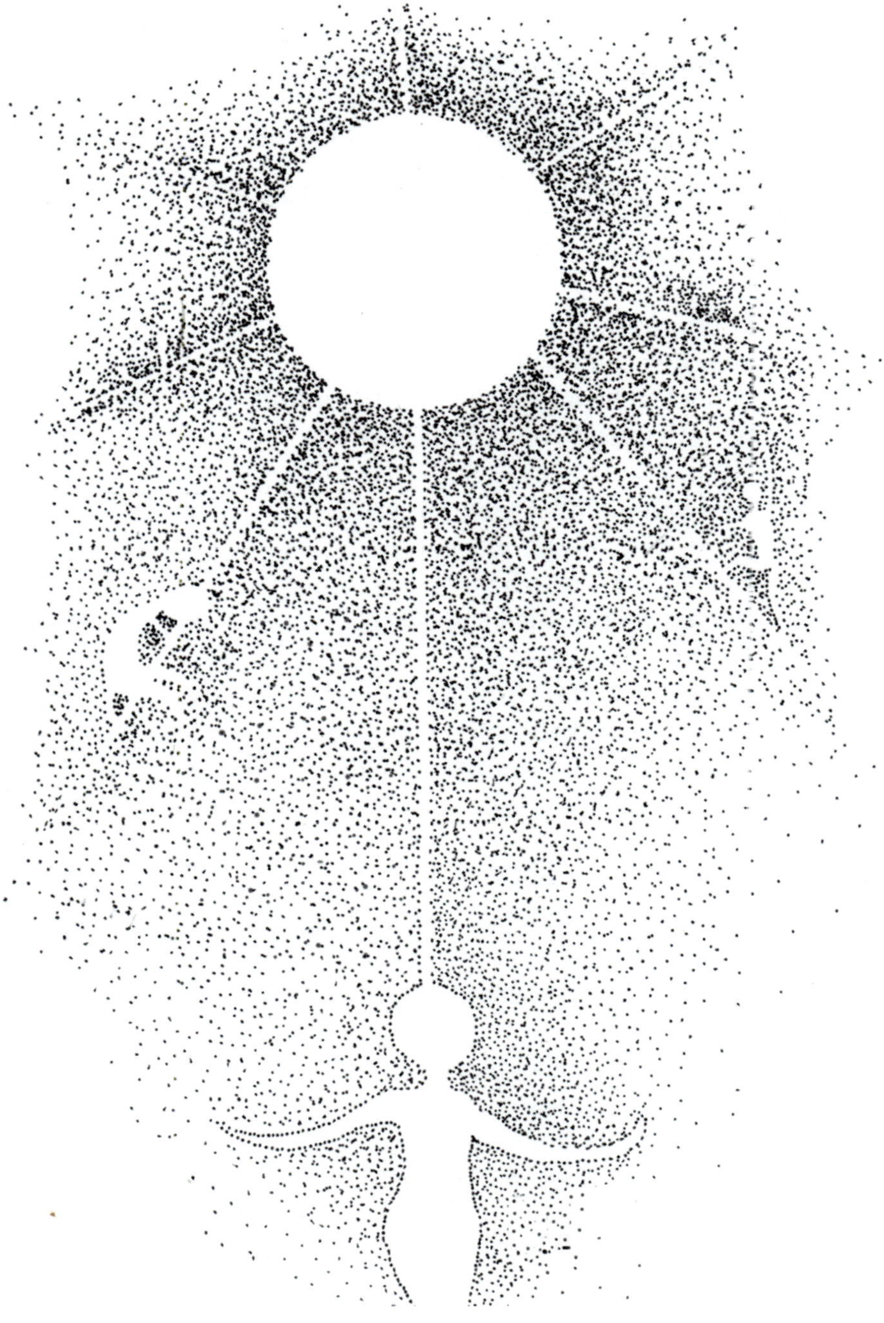

Ein Waldspaziergang mit lehrreichen Folgen

Ein Mensch, der geistig impulsiv,
sucht forschend neues Denkmotiv.
Zu diesem Zwecke scheint 's ihm richtig,
dass Einsamkeit dazu sehr wichtig.

Drum streift er schon nach kurzer Zeit
zum Zwecke der Erbaulichkeit
durch leuchtend schönen Herbsteswald,
tief schöpfend seelischen Gehalt.

Und Freude füllet seine Brust:
„Was wäre das für ein Verlust,
hätt' diesen Tag ich nicht gewählt,
der wunderbar mich neu beseelt!"

So geht er still im Wald umher
und schlendert auch von ungefähr
durch dichteres Gestrüpp, zum Spaß,
zitierend Homers Ilias.

Doch plötzlich ändert sich die Lage:
Er sieht -ist 's möglich?- Ohne Frage,
ein Wildschwein, das nicht gut gesinnt,
dieweil 's zum Angriff Stellung nimmt.

Der Mensch, in peinlichem Verdrusse,
sieht Rettung zwar im Überflusse,
weil er von Bäumen rings umgeben;
doch fühlt er heil'ges Widerstreben,

den Waldrundgang, statt zu genießen,
im Baumgeäste zu beschließen.
Was hilft 's, es bleibt ihm keine Zeit
für geist'ge Überheblichkeit ...

Die Bäume, die am nächsten stehen,
sind, meistens pflegt es so zu gehen,
zum Klettern viel zu glatt und dick.
Welch' ärgerliches Missgeschick!

Auch wär'n ihm, da er sehr bequem,
viel tiefe Äste angenehm.
Sein Sinnen führt zu Zeitverlust,
er fühlt beengt sich in der Brust.

Hätt' einen Baum er nur zur Wahl,
erspart wär' ihm die ganze Qual.
So schwankt er zwischen inner'm Drang
und dem verflixten äußer'n Zwang.

Und während er noch unentschlossen
nach Bäumen sucht mit Ästesprossen,
verursacht schon das Borstenvieh
in ihm Bewegungsataxie.

So sieht er wegen glatter Rinden
die Rettungshoffnung schmählich schwinden.
Doch treibt die Not jetzt zur Entscheidung.
Das Wildschwein übernimmt die Leitung!

Er rennt, die kalte Furcht im Nacken,
bald grad, bald krumm, in wilden Zacken,
und hinter ihm mit Grunzgeschnaufe
das Wildschwein schon in vollem Laufe.

„Ach hätt' ich doch", er denkt 's betrübt,
„das Klettern besser eingeübt!
Ich säß' jetzt auf dem höchsten Baum.
Oh, wär' doch alles nur ein Traum!"

Und weil des Waldlaufs nicht gewohnt,
obwohl er keineswegs sich schont,
bleibt ihm als nackte Konsequenz,
die Frage seiner Existenz.

Verzweifelt schaut er in die Runde,
sieht kommen schon die letzte Stunde,
und noch kein tiefes Baumgeäst.
Er schöpft den letzten Kräfterest.

Drum zwingend jetzt zur Rettung ladet
der nächste Baum. In Schweiß gebadet
erreicht er ihn zum Sterben matt
Auch seine Rinde ist sehr glatt.

Dem Tode näher als dem Leben
scheint er dem Untier preisgegeben.
Ein Stoßgebet, ein Hilfeschrei,
dem Wildschwein ist dies einerlei.

Doch scheint der Himmel Kraft zu geben,
um in die Höhe noch zu streben –
Er hält am Stamm sich mit den Beinen,
knapp überm Boden. Es ist zum Weinen!

In einer solchen Situation
ist Menschenwürde reiner Hohn.
Vielleicht bedachte dies das Schwein,
und stellte drauf die Kampflust ein.

Es zeigt, des schnöden Spieles müde,
sogar noch eine Spur von Güte.
Denn grunzend, sichtlich mit Behagen,
scheint es dem Menschen nun zu sagen:

„So weltverloren wie du hier,
kam mir noch keiner ins Revier.
Die andern konnt' ich ohne Zagen
sogleich zum nächsten Baume jagen.

Was nützt dir, homo sapiens,
die ganze Geistingredienz?
Was nützt dir Homer, Sokrates,
Plato, Aristoteles,

wenn schließlich deine Existenz
von eines Wildschweins Lusttendenz
auf 's Spiel gesetzt und fraglich wird,
weil philosophisch du geirrt?

Ich achte stets humanitas
und auch ansonsten menschlich Maß.
Drum hat dies meine Wut vertrieben,
dass du am Ende Mensch geblieben."

So etwa sprach das wilde Schwein –
Doch wahrte es wie sonst den Schein.
Es taucht im nahen Dickicht unter –
Und für das Menschlein war 's ein Wunder.

Herbst

Wir füllten die Körbe mit goldenem Segen,
liebkosten jeden Baum.
Wir fühlten uns eins mit dem träumenden Leben,
berührten des Schöpfers Saum.

Wir standen im feuchten Atem der Erde,
der Nebel zog vorbei.
Wir lauschten der wilden Naturgebärde
und hörten den stummen Schrei.

Wir reichten den jüngeren Brüdern die Hände
und dankten für Mühe und Treu'.
Im Geben liegt die beglückende Wende
und dienend werden wir frei.

Wir gingen mit fröhlichem Herzen zurück,
begleitet von farbigem Spiel.
Wir sprachen von Fülle, von schenkendem Glück
und dachten ans hohe Ziel.

Herbstausklang

Oktobersonne. Von den Bäumen fällt Laub,
tanzende, rote und goldene Pracht.
Wind fegt Blätter und letzten Staub,
im Grase ein Kind, das spielt und lacht
als hätt' es selbst diesen Tag gemacht.

Bizarre Schatten strecken sich länger,
die Sonne neigt sich zum Horizont.
Konturen der Bäume werden strenger.
Ein Käfer verharrt vor mir, ungewohnt,
und sich im wärmenden Lichte sonnt.

Der Brunnen plätschert sein eintönig' Lied,
ein Windstoß zerstäubet den perlenden Strahl.
Ein Knabe, der halb auf dem Brunnenrand kniet,
fängt spielend und lustig jedes Mal
mit den Fingern der glitzernden Tropfen Fall.

Glockengeläute, vom Winde getragen,
tönet verzerrt aus der nahen Stadt.
Von ferne her hör' ich ein Käuzchen klagen,
was dies wohl zu bedeuten hat?
Man sagt, dass früh nun der Winter naht.

Am Feldweg drüben geh'n einige Leute,
sich sputend, weil dämmernd der Abend sich senkt.
Dankbar empfinden den Tag wir heute,
der letzte Wärme uns gnädig geschenkt,
eh' nasskalter Nebel den Himmel verhängt.

Wald im Winter

Winterwald – Märchenwald
weltentrückte, weiße Stille,
Eichen, die jahrhundertalt,
träumen unter kalter Hülle.

Tief gebeugt von Schnee's Last
hängen kräftelos die Zweige.
Da und dort gebrach ein Ast,
Sturmes Kraft beredter Zeuge.

Wundersame Formenpracht
überdeckt die feinen Glieder.
Sonnenstrahlen spielen sacht
mit dem Schneestaub hin und wieder.

Schneekristall'ner Wirbeltanz,
Silber, Gold und Edelsteine
leuchten auf im Sonnenglanz,
Märchenwelt im Zauberscheine.

Und es ist als ob die Zwerge
ihre Schätze ausgestreut,
die sie aus dem Schoß der Berge
graben seit Schneewittchens Zeit.

Letzter Strahl im Purpurscheine
neigt sich tief am Horizont.
Glanz erlischt im Edelsteine,
im Geäst steht blass der Mond.

Advent

Es leuchtet der Abend von goldenen Sternen,
Unendlichkeit liegt über Wäldern und Flur.
Es flüstert ein Glitzern aus nachtweißen Fernen.
Im traumhaften Zauber versinkt die Natur.

Du hörest vom Walde verwehendes Singen,
wie Klänge von Äolsharfen, so zart,
des hauchfeinen Schneekristalls gläsernes Klingen,
mit silbernen Schleiern des Windes gepaart.

Die Wege, vereist und von Spuren zerschnitten,
geleiten vom Walde zum schlafenden Dorf.
Es wagen sich Rehe mit zagenden Schritten
zur Äsung im Mondlicht beim einsamen Hof.

Die Luft, die so kalt wie der Sterne Geschein,
zeugt formenlos Wolken von flüchtigem Hauch.
Auf fahlem, verwittertem Felsengestein
gespenstisch sich recket ein knorriger Strauch.

Das lustige Plätschern des Baches erstarrt,
das Eis ließ ersterben sein sprudelndes Leben.
Im Busche ein Krähenpaar reglos verharrt,
grotesk wirkt das Schattengezweige daneben.

Kein Laut und kein Flügelschlag bricht jäh die Stille,
allmählich zieht dämmernd der Morgen herauf.
Tief unter der weißen, beschützenden Hülle
keimt neu der Natur ew'ger Erdenlauf.

Allegorische Fabel

Tief verschneit ist Wald und Flur,
eisbekrustet die Natur,
und die Raben haben ’s schwer,
finden jetzt kein Körnlein mehr.

Als die Not am größten war,
einige schon starben gar,
hockten sich die alten Raben
eng zusammen, zu beraten,

was zu unternehmen wäre,
selbst auf Kosten ihrer Ehre,
einen sich’ren Weg zu finden,
um die Not zu überwinden.

„Rab ... rab“ , sagte einer schließlich,
„unsere Lage ist verdrießlich!
Doch falls eine Chance uns bleibt,
leist’ ich diesen heil’gen Eid:

Fortan will ich, kund sei ’s allen,
singen wie zehn Nachtigallen!
Bunt soll mein Gefieder werden
wie die Blumen in den Gärten!

Wenn den Schöpfer wir so preisen,
wird Er Rettung uns verheißen.“
Beifall tönte in der Runde,
gutgeheißen ward die Kunde.

Und der Frühling zog heran,
brach des Winters kalten Bann.
Von den Raben, schwarz wie je,
hört' ich nach wie vor – Gekräh'.

Sinnsprüche

Nirgendwo endet der Raum des Herzens,
wenn er von Dankbarkeit erfüllt ist.

Glücklichsein kennt nur einen Weg:
den Gleichklang der Seele mit Gott.

Der Mensch gleicht einem Weizenkorn:
Im innersten Keim wirkt der Geist des Lebens,
die Hüllen dienen ihm.

Der See spiegelt dein Angesicht,
die Augen deiner Seele Licht.

Epilog

Du siehst, wenn du in deinem Leben
versuchst, nach Höherem zu streben,
tut 's oft nicht nur der inn're Drang,
manchmal hilft auch ein äuß'rer Zwang.

Bitte beachten Sie auch die folgenden Seiten.

Weitere Bücher von Hermann Ilg

Die Mission der Santiner
240 Seiten – ISBN 3-935422-58-X
Das Buch enthält die folgenden vier vergriffen gewesenen Broschüren:
- In kosmischen Bahnen denken
- Wenn die Not am größten …
- Am Ende der Zeit
- Die Gedankenbrücke

Die Mission der Santiner ist ein beispielloser Liebesdienst, den eine treu zu Gott stehende außerirdische Brudermenschheit in vorbildlicher Weise für die irdischen Menschen erfüllt. Die Santiner bemühen sich, die Folgen der schwerwiegenden Versäumnisse und Verfehlungen, welche die irdische Menschheit zu verantworten hat, wenigstens so weit abzumildern, dass nicht weitere, unschuldige Menschheiten anderer bewohnter Planeten durch die kosmischen Auswirkungen der irdischen Untaten in Mitleidenschaft gezogen werden. Was die Santiner uns zu sagen haben, wie die Missstände auf der Erde zu überwinden wären und welche unvorstellbar aufwändigen Vorkehrungen die Santiner treffen, um beim Einsetzen des Reinigungsprozesses der Erde die Menschen retten zu können, finden Sie in diesem Buch. Die Mission der Santiner vermittelt einen bleibenden Eindruck von der Vielschichtigkeit des Lebens.
Zusätzlich haben wir eine kurze Gruß-Botschaft von Hermann Ilg selbst aus dem Jahre 2004 in das Buch aufgenommen, die er uns über ein ihm schon aus irdischen Zeiten bekanntes Medium übermittelt hat, und außerdem wurde eine Botschaft der Santiner sowie eine abschließende Rede von Ashtar Sheran ergänzt.

Die Bauten der Außerirdischen in Ägypten
Hermann Ilg – Helmut P. Schaffer
160 Seiten mit 70 Fotografien – ISBN 3-935422-59-8
Dieses Buch enthält eine Fülle von Beweisen für die Beteiligung außerirdischer Menschen an der Errichtung der großartigsten Bauwerke dieses Planeten. Durch die inspirative Hilfe von Geistwesen und Santinern gelingt es Hermann Ilg mit überzeugend einfacher Logik und anhand von Fotografien, uns dieses spannende Thema näher zu bringen. Es wird lebhaft beschrieben, wie es seinerzeit gelingen konnte, innerhalb kürzester Zeit diese gewaltigen Steine in absoluter Perfektion aufeinander zu türmen. In leicht verständlichen Worten werden Sinn und Zweck der Pyramiden und anderer Bauten erklärt. Zusätzlich erhält der Leser Informationen über die Besiedelungsgeschichte der Erde und Erfahrungsberichte von Menschen, die sich im Innern der Pyramiden aufgehalten haben.

E. T. in ancient Egypt
100 Seiten – ISBN 3-935422-57-1
ist eine englisch-sprachige Version des oben genannten Buchs,

Aus dem Wissen eines neuen Zeitalters
108 Seiten – ISBN 3-935422-52-0
Das Wissen, das uns hier von den Santinern vermittelt wird, verhilft uns dazu, die Weiten des Weltraums als überbrückbar zu erkennen. Es wird das Leben auf anderen Planeten beschrieben, die Möglichkeiten der außerirdischen Technik erklärt und Stellungnahmen zu verschiedenen Prophezeiungen abgegeben. Ein spannendes Buch über die Vielfalt des Universums.

Leben in universeller Schau
128 Seiten – ISBN 3-935422-51-2
Dieses Buch handelt vom Leben der Santiner auf ihrem Heimatplaneten. Die Klimaverhältnisse, politische Strukturen, Freizeitges-

taltung, ihr gesellschaftliches Leben und viele andere interessante Details werden sehr anschaulich beschrieben.

Bewusstsein und Weltbild
24 Seiten – ISBN 3-935422-56-3
In dieser Schrift macht Hermann Ilg die Grenzen deutlich, die uns von einem umfassenderen Weltbild trennen. Er zeigt Ansätze für eine gesunde Bewusstseinserweiterung auf, welche von unseren Wissenschaftlern und Philosophen bereits erkannt und welche übersehen werden.

Kümmert sich eine außerirdische Menschheit um uns?
48 Seiten – ISBN 3-935422-50-4
Der Ursprung dieser Broschüre ist ein Vortrag, den Hermann Ilg erstmals im Jahre 1968 gehalten hat. Er ist aktueller denn je.

Aus unserem weiteren Verlagsprogramm:

Friede über alle Grenzen
Martin Fieber (Hrsg.) – ISBN 3-935422-00-8
14 Broschüren Text, ca. 500 Seiten, plus 1 Broschüre, 8 Seiten DIN A4, gezeichnete Bilder von Santinern, Raumschiffen, Raumstationen und technischen Geräten der Santiner
Die Botschaften und Zeichnungen wurden durch mediale Handführung übermittelt im Medialen Friedenskreis Berlin.

Ashtar Sheran, die Führungspersönlichkeit der Santiner, nimmt Stellung zu den Gegebenheiten auf unserem Planeten. Ob Religion, Wissenschaft oder Politik – es wird aufgezeigt, wie hilflos wir unseren Problemen in allen Bereichen gegenüberstehen. Ashtar Sheran gibt wertvolle Hinweise zur Bewältigung unserer Schwierigkeiten. Eine konsequente Umkehr ist die Voraussetzung dafür. Die Worte machen Mut und haben die Kraft zu verändern.

„Statt einer einzigen wahren Religionsgemeinschaft gibt es auf eurer Erde mehr als zweihundert. Jede davon ist fanatisch gegen die andere und glaubt, der Wahrheit letzte Schlussfolgerung zu besitzen. Doch der Weisheit allerletzte Schlussfolgerung ist: Von Gott und seiner Schöpfung habt ihr überhaupt keine rechte Ahnung. Was euch an Wahrheit aus außerirdischer Quelle gegeben worden ist, wurde größtenteils vernichtet. Was davon übrig geblieben ist, wurde gefälscht oder arg entstellt. Kein Volk der Terra soll sich einbilden, besser zu sein als das andere. Gut und Böse sind auf alle Völker, auf alle Staaten verteilt. Keine Rasse hat Anspruch auf besondere Anerkennung."

Die Santiner

Martin Fieber (Hrsg.)

240 Seiten – ISBN 3-935422-08-3

Diese Botschaften wurden ebenso wie 'Friede über alle Grenzen' und die 'Blaue Reihe' im Medialen Friedenskreis Berlin (MFK) übermittelt.

Wer sind die Santiner? Wo und wie leben sie? Welchen Auftrag haben sie?

Hier erfahren Sie, warum die Santiner sich im Bereich unseres Planeten aufhalten, was sie uns zu sagen haben und vieles mehr. Einige eindringliche Reden ihrer Führungspersönlichkeit Ashtar Sheran bilden den Kern dieses Werks.

Zusätzlich zu den Durchgaben des Medialen Friedenskreises Berlin enthält das Buch weitere Botschaften von Ashtar Sheran und anderen Santinern aus der Zeit bis 2003. Diese hat der Spirituelle Forschungskreis e. V. Bad Salzuflen empfangen, der die Arbeit des MFK fortführt und eng mit unserem Verlag zusammenarbeitet.

Bücher von Martin Fieber

Machu Picchu – Die Stadt des Friedens
192 Seiten, 125 farbige Abbildungen – ISBN 3-935422-48-2
Machu Picchu ist nicht nur die beliebteste Touristenattraktion Perus sondern ganz Südamerikas. Und doch ist Machu Picchu immer noch eines der größten Geheimnisse der Welt. Das Buch ist eine spannende Reise zu diesem magischen Ort in den Wolken, in die Vergangenheit Perus, in die Geschichte unseres Planeten und zur eigenen Seele. Wie es schon bei den ägyptischen Pyramiden war, gibt es auch bei der berühmten Inkastadt keinen Zweifel, dass die Bauweise der Fundamente der dortigen Gebäude außerirdischen Ursprungs ist.

Steh' endlich auf!
128 Seiten – ISBN 3-935422-47-4
Dieser lehrreiche Erfahrungsbericht beschreibt die Abgründe einer spirituellen Abhängigkeit bis ins kleinste Detail: von den anfänglichen euphorischen Gefühlen, über die Hölle der seelischen Schmerzen, bis zurück in die Freiheit des normalen Lebens. Er wird ergänzt von einem Leitfaden, welcher den Weg zu finden hilft durch den Jahrmarkt der heutigen Esoterik und den Dschungel der dazugehörigen Seminarangebote. Spannend, ehrlich und wahrhaftig geschrieben. Dieses Aufklärungswerk könnte Leben retten.

Poster Machu Picchu
64 cm breit / 45 cm hoch – ISBN 3-935422-46-6
Dieses Poster ist ein Motiv aus dem gleichnamigen Buch. Schon allein das Anschauen des Bildes lässt Sie einen Hauch des Friedens erleben, den dieser wundervolle Ort ausstrahlt.

Die Blaue Reihe

Diese Buchreihe dokumentiert die Ergebnisse der spirituellen Forschungsarbeit des Medialen Friedenskreises Berlin.
Herausgeber: Martin Fieber u. a.

Band 1: Jesus Christus
80 Seiten – ISBN 3-935422-01-6
War Jesus Christus die Inkarnation Gottes? Was hat er bis zu seinem 28. Lebensjahr gemacht? Ist er wirklich für uns Menschen gestorben und hat alle Sünden auf sich genommen? In diesem Buch finden Sie Wahrheiten und Antworten auf die vielen Fragen zu der größten Seele, die je auf diesem Planeten inkarnierte. Es wird deutlich, dass Jesus Christus für die geistige Welt kein Gott ist, sondern eine Seele wie alle anderen Menschen auch.

Band 2: Das Sterben
160 Seiten – ISBN 3-935422-02-4
Was geschieht im Augenblick des Todes? Was geschieht bei tödlichen Unfällen oder Selbstmord mit der Seele? Wie wirkt sich Trauer von Hinterbliebenen auf das Befinden der ‚Verstorbenen' aus? Das Tabuthema vieler Menschen wird an der Wurzel gepackt. Die große Bedrohung wird durch dieses Buch in ein vertrautes Wissen umgewandelt. Das Weiterexistieren der Seele nach dem körperlichen Tod wird erläutert und nachgewiesen. Für jeden, der wissen möchte, was ihn nach dem Tod erwartet.

Band 3: Die Stimme Gottes
64 Seiten – ISBN 3-935422-03-2
Ein provokanter Titel für ein Buch, in dem ein hohes Geistwesen stellvertretend für die göttlichen Sphären spricht. Es wird aufgezeigt, wie die Geschehnisse auf diesem Planeten von einer höheren Warte aus gesehen werden. Gesellschaft, Politik, Wissenschaft und

Kirche werden in einer für jedermann verständlichen Weise unter die Lupe genommen, die Probleme beim Namen genannt und Lösungsvorschläge gemacht. Hier wird Klartext geredet!

Band 4: Die mediale Arbeit
176 Seiten – ISBN 3-935422-04-0
Was ist Medialität? Welche Voraussetzungen müssen für mediale Arbeit erfüllt sein? Welche Gefahren gibt es im Verkehr mit der Geisterwelt Gottes? Im Dialog mit der geistigen Welt werden die wichtigen Grundbedingungen und Gesetzmäßigkeiten genannt, die für positive mediale Arbeit unerlässlich sind. Es wird deutlich auf die Gefahren des Spiritismus hingewiesen und aufgezeigt, wie gute und schlechte Medien bzw. mediale Kontakte unterschieden werden können. Dieses Buch klärt auf und warnt vor Leichtsinnigkeit.

Band 5: Der Schöpfer – Der Widersacher
160 Seiten – ISBN 3-935422-05-9
Wer und was ist der Schöpfer? Warum lässt Gott so viel Leid zu? Gibt es einen Widersacher? Die geistige Welt hat hier den Versuch unternommen, in uns verständlichen Worten die Existenz Gottes und seine grandiose Schöpfung zu beschreiben. Außerdem kommt die Tragik der Geschehnisse um Luzifer, den Widersacher, deutlich zum Ausdruck. Sie finden Erklärungen zu einem Bereich des Glaubens, den die Kirche uns verschweigt.

Band 6: Die Seele – Der Schutzpatron
128 Seiten – ISBN 3-935422-06-7
Seele – was ist das? Wie funktioniert das Zusammenspiel von Seele, Geist und Körper? Hat jeder Mensch einen persönlichen Schutzpatron, und wie macht sich der bemerkbar? Die geistige Welt bringt uns das Thema auf ihre Weise nahe, die von der Wissenschaft abgelehnt wird, genauso wie die Institutionen der christlichen Kirchen mit der Reinkarnation umgehen. Doch beides, Seele und Reinkarnation, gehört unmittelbar zusammen.

Band 7: Krankheit, Heilung und Gesundheit
176 Seiten – ISBN 3-935422-07-5
Was sind die Hauptursachen von Krebs? Worauf sollte man bei der Ernährung achten? Gibt es eine geistige Heilung und wie funktioniert sie? Welche Folgen hat der Genuss von Alkohol und Nikotin für Seele, Geist und Körper? Die geistige Welt hilft uns, Ursachen vieler Krankheiten zu erkennen. Außerdem werden Maßnahmen zur ganzheitlichen Heilung bzw. Gesunderhaltung beschrieben. Weitere Schwerpunkte sind Gebet, Drogen und Karma.

Band 8: Die Santiner
Martin Fieber (Hrsg.)
240 Seiten – ISBN 3-935422-08-3
(Beschreibung: siehe S. 91)

Band 9: Das geistige Reich
erscheint voraussichtlich 2005

Gedanken für den Weltfrieden
176 Seiten – ISBN 3-935422-49-0
ist eine Sammlung verschiedenster Gedanken der geistigen Welt, die jeden friedliebenden Menschen ansprechen werden. Die einfachen, brillanten Gleichnisse und Beschreibungen sind heutzutage aktueller denn je. Jede Seite enthält einen in sich geschlossenen, mehr oder weniger langen Hinweis darauf, warum die derzeitigen Machtstrukturen auf unserem Planeten nicht geeignet sind, den Weltfrieden zu realisieren. Gleichermaßen wird dem Leser verständlich, dass ein Beitrag jedes einzelnen in seinem persönlichen Bereich wichtig ist, um die Missstände zu beheben.

Unsere nächste Neuerscheinung

Das kleine Buch vom Schutz der Seele
Herausgeber: Martin Fieber
ca. 120 Seiten – ISBN 3-935422-44-X

Wozu sollte man sich schützen?
Warum ist es gerade während der Vollmondzeit angebracht?
Wie wirken sich Ängste auf unser Befinden aus?
Was sind Schwingungen?
Wie wirken Gebete?
Was ist ein Seelenstein?
Wie schützt die Geburtsfarbe?

In diesem Büchlein erklärt die geistige Welt die Hintergründe, warum die Seele geschützt werden sollte.

Die durch Abbildungen veranschaulichten Schutzübungen sollen dem Anwender helfen, in seine Mitte zu kommen und sich von Energien abzugrenzen, die der eigenen Seele nicht gut tun.

Die Themen negative geistige Welt, Chakren, Aura, Meditation und die Aufgabe unseres Schutzpatrons vervollständigen diesen wichtigen Leitfaden.

„Das kleine Buch vom Schutz der Seele“ ist eine große Hilfe für unser tägliches Leben.